Autoconhecimento

The School of Life + Editora Nós

I
Autoignorância
7

II
Meditação filosófica
13

III
Identidade emocional
27

IV
Honestidade e negação
49

V
Autojulgamento
61

VI
Ceticismo emocional
69

I
Autoignorância

Uma das coisas mais impressionantes das nossas mentes é o fato de que quase não as conhecemos. Embora estejamos alojados em nós mesmos, quase nunca conseguimos dar conta de mais do que uma fração de quem somos. Pode ser mais fácil dominar as dinâmicas de outro planeta do que compreender o que está em jogo nas dobras dos nossos próprios cérebros.

Momentos de autoignorância costumam nos surpreender e nos perturbar: em alguns dias, estamos irritados ou tristes sem ter a menor ideia do motivo. Ou nos sentimos perdidos na carreira, mas somos incapazes de dizer algo além de que desejamos "fazer algo de criativo" ou "ajudar a tornar o mundo um lugar melhor" – planos tão vagos que acabamos vulneráveis a projetos mais robustos de outras pessoas.

O maior feito da psicologia foi ter nos legado a divisão básica entre as duas partes da mente: o consciente e o inconsciente – entre o que nos está imediatamente acessível e o que se encontra nas sombras, e acaba nos surpreendendo em sintomas, sonhos, atos falhos e ansiedades difusas, medos e

Pode ser mais fácil
dominar as dinâmicas
de outro planeta
do que compreender
o que está em jogo
nas dobras dos nossos
próprios cérebros.

anseios. A psicologia também insistiu no fato de que a maturidade envolve um esforço constante para transformar o que é inconsciente em consciente, para nos ajudar a conquistar a arte do autoconhecimento.

Não precisamos nos culpar pela nossa compreensão precária de nossas mentes. É algo inerente à arquitetura do cérebro: um órgão que evoluiu ao longo de milênios, para que fosse capaz de tomar decisões rápidas e instintivas – e não para percorrer de maneira paciente e introspectiva as ideias e emoções.

No entanto, nosso fracasso em olhar para dentro de nós também decorre de sermos melindrosos emocionalmente. Muito do que está no inconsciente é um material complexo do qual nos esquivamos de olhar com atenção. Por exemplo, podemos sentir uma raiva perturbadora de pessoas que pensávamos amar. Podemos ser mais impiedosos e invejosos do que uma pessoa bondosa deveria ser. Podemos saber que devemos fazer mudanças enormes em nossa vida, mas preferimos a tranquilidade do conformismo ao *status quo*. Ao longo de nossa infância, podemos ter destilado em nós – de forma tão sutil que sequer percebemos – noções fortes a respeito do que é e não é normal experimentar. Tradicionalmente, não permitem que garotos reconheçam que sentem vontade de chorar, enquanto garotas não podem alimentar certos tipos de ambições por medo de serem pouco femininas.

Talvez, nos dias de hoje não soframos com proibições tão obviamente ingênuas, mas outras, tão poderosas quanto essas, ocuparam seu lugar. Talvez tenhamos assimilado indícios sorrateiros, mas intensos, de que nenhum ser humano decente (nenhuma pessoa amada pelos pais, ao menos) pode ser incapaz de lidar com o ambiente de trabalho, sentir-se tentado a ter um caso extraconjugal, ou ainda se sentir incomodado com um término de namoro ocorrido três anos atrás. A maioria dos nossos desejos sexuais não encontra lugar no que consideramos "respeitável".

Quando sentimentos difíceis ameaçam emergir, podemos contar com a consciência para apontar o holofote para outra coisa. Ao não investigarmos os cantos obscuros da mente, acabamos protegendo nossa autoimagem de maneira cautelosa, e continuamos a achar que somos boas pessoas. No entanto, não dá para fugir da introspecção o tempo todo. Quase sempre pagamos um preço alto por nossa relutância em olhar para dentro de nós. Sentimentos e desejos que não foram examinados costumam não nos deixar em paz: eles persistem e espalham aleatoriamente sua energia em questões cotidianas. A ambição que não se reconhece como tal acaba aparecendo como ansiedade. A inveja surge como rancor; a raiva se transforma em fúria; e a tristeza evolui para depressão. Material rejeitado trava e pressiona o sistema. Desenvolvemos tiques perniciosos; um espasmo facial, impotência, incapacidade de trabalhar, alcoolismo, compulsão por pornografia. A maioria dos "vícios" são, no fundo, sintomas de sentimentos difíceis e insistentes, com os quais não soubemos lidar. A insônia é a vingança dos pensamentos que nos recusamos a ter durante o dia.

Estranhos a nós mesmos, acabamos fazendo más escolhas: saímos de um relacionamento que poderia ter dado certo. Não exploramos nossos talentos profissionais a tempo. Afastamos amigos através de um comportamento errático e desagradável. Não compreendemos direito a maneira como os outros nos veem e acabamos por chocá-los. Compramos as coisas erradas e tiramos férias viajando para lugares que não têm nada a ver com o que de fato gostamos.

Não é coincidência que Sócrates tenha resumido toda a sabedoria da filosofia a um simples comando: *Conhece-te a ti mesmo*. Esta é uma ambição muito peculiar. Não faltam instituições e pessoas se oferecendo para nos guiar por continentes distantes, mas há poucas que vão nos ajudar com a tarefa muito mais importante de viajar pelas trilhas secundárias das nossas mentes. Por sorte, há muitas ferramentas e práticas que podem nos auxiliar no mergulho em nossa mente e nos levar de uma vagueza perigosa para uma clareza desafiadora, mas que valem a pena.

II
Meditação filosófica

À medida que a sociedade nos encoraja a passar mais tempo dentro de nossas mentes, ela confere um prestígio muito especial a um conjunto de práticas que chamamos de "meditação". Praticantes da meditação costumam recomendar que nos sentemos em uma certa posição e tentemos esvaziar nossas consciências, afastando-nos dos sentimentos e ideias correntes. Devemos, assim, acalmar o agito do que os budistas apelidaram, de forma evocativa, de nossas "mentes de macaco", em busca de serenidade.

Também podemos levar em consideração outra abordagem, que não é baseada no pensamento oriental, mas nas ideias que vieram da tradição filosófica do Ocidente. Vamos chamá-la de Meditação Filosófica, uma prática que tem a premissa de que uma parcela decisiva do trabalho de nossas mentes vem de pensamentos e sentimentos que não foram desamarrados, examinados e confrontados com a atenção necessária.

A Meditação Filosófica exige um tempo do dia em que não se espera muito de nós. Podemos estar na cama ou no sofá, sozinhos com um caderno e uma caneta. O segredo para essa prática é a resposta para três perguntas:

Com o que estou ansioso neste momento?
Com o que estou chateado neste momento?
Com o que estou empolgado neste momento?

ANSIEDADE

Começamos a Meditação Filosófica nos perguntando: com o que estou ansioso neste momento?

A vida, de modo geral, é muito mais alarmante do que estamos dispostos a aceitar. Temos que nos locomover por um mundo incerto. Somos sempre reféns do acaso. A cada minuto de nossas vidas, um radar nervoso em um canto de nossa mente está vigiando o horizonte amplo e nublado e percebendo novas fontes de risco e incerteza: como vai ser a minha reunião? Quando precisamos sair de casa? O que aconteceu com as cartas? Onde vamos estar daqui a cinco anos? Onde fica o banheiro mais próximo? Nunca estamos mais do que um momentinho de azar de distância de um AVC, do fracasso ou da ruína.

Durante nossa sessão meditativa, precisamos dar uma chance para que nossas ansiedades compreendam a si mesmas, pois três quartos de nossa agitação não vêm do fato de que existem coisas com as quais devemos nos preocupar, mas de que não demos tempo para essas preocupações serem entendidas e desarmadas. É só ao serem ouvidas que as ansiedades podem perder parte de sua intensidade. Se fôssemos registrar nosso fluxo de consciência quando estamos agitados, o resultado seria uma bagunça confusa e caótica: "de novo isso dos biscoitos, por que, por que, que idiota, meu Deus, o negócio em Seul, não podem fazer isso, tenho de fazer isso, ir ao banheiro agora, não vou conseguir às 10h30 amanhã com o Lucas, por que eu entrei nisso, essa fatura maldita, por que eu, a culpa é minha, os galhos das árvores, não consegui dormir...".

Esse fluxo acelerado pode ser gradualmente domado, drenado, e conduzido para riachos, pelos quais escoa, evapora e se transforma em algo muito menos ameaçador. Nosso nervosismo geral diminui quando nossas ansiedades são dispostas de maneira sistemática e examinadas.

Precisamos enfrentar nossas ansiedades de frente e nos forçar a imaginar o que aconteceria se essas catástrofes vagas que imaginamos efetivamente ocorressem. O que aconteceria conosco se tudo com o que estamos um pouco preocupados se tornasse realidade? Quais são os verdadeiros perigos? Como conseguiríamos ficar bem, mesmo se tudo desabasse? Imaginar as consequências mais radicais pode ser a melhor maneira de neutralizar uma preocupação constante. Um a um, devemos confrontar o pior cenário possível, e ver que, na maioria das vezes, conseguiríamos sobreviver.

EXERCÍCIO
Interpretando a ansiedade

Escreva tudo o que te deixa ansioso; encontre pelo menos oito coisas. Cada anotação deve ser composta de apenas uma palavra (ou uma expressão) nesse momento. Não se preocupe se alguma dessas ansiedades parecer muito banal ou tragicômica, de tão imensa. Se tiver dificuldades, busque coisas que podem gerar ansiedade dentro das categorias abaixo:

- Trabalho
- Relacionamentos
- Pais e filhos
- Saúde
- Dinheiro
- Coisas que tenho para fazer

Sinta como é curioso o alívio que vem só de fazer uma lista desses itens.

E um alívio enorme pode surgir a partir do que chamamos de "desempacotar" a ansiedade. Há dois tipos de desempacotamento que podemos fazer com qualquer ansiedade.

1. Desempacotamento prático
Realize este desafio prático. Pergunte-se:

- Que atitudes você precisa tomar?
- O que os outros precisam fazer?
- O que precisa acontecer – e quando?

É muito útil ter uma parte sua, calma e empática – ou um amigo –, escutando a descrição detalhada do que precisa ser feito para lidar com uma questão. Ela deixa de ser uma ansiedade, e vira apenas uma série de passos a se realizarem. Podem não ser fáceis, mas pelo menos você os enxerga com mais clareza.

2. Desempacotamento emocional
Converse consigo mesmo a respeito de um desafio emocional ou de uma série de dúvidas. Descreva em detalhes o que você está sentindo. Esse sentimento aponta para onde? Imagine que você esteja tentando juntar as peças para contar a um amigo que te respeita.

O objetivo não é resolver todas as ansiedades; é passar a conhecê-las e experimentar o alívio que surge disso.

TRISTEZA

Estamos prontos para focarmos no segundo questionamento da Meditação Filosófica: com o que estou chateado neste momento?

Pode parecer estranho, pois talvez não esteja claro que estamos chateados com algo específico. Mas o ponto é justamente tentar entender que quase sempre estamos irritados com algo, já que somos muito mais vulneráveis do que pensamos, e a vida sempre nos bota na linha de fogo das flechas disparadas pelas pessoas ao nosso redor. Mesmo sem querer, nossos cônjuges e amigos atiram pequenos dardos em nós: não nos perguntaram como foi nosso dia, esqueceram-se de que temos uma reunião, deixaram as toalhas todas bagunçadas... É a partir dessas pequenas humilhações e desleixos que grandes blocos de ressentimento se formam e nos deixam, por exemplo, incapazes de amar ou de suportar o toque de outra pessoa. A intensa existência social exige um grau excessivo de estoicismo de nossa parte. Sempre há um incentivo forte para que não sintamos ou ao menos não percebamos nossa dor. Cedo ou tarde, esse incômodo não reconhecido pode nos afundar em uma depressão.

Durante nossas sessões introspectivas, podemos descartar nossa coragem habitual e deixar que a nossa tristeza assuma sua devida forma natural. Isso pode não ser uma solução imediata para muitas de nossas infelicidades, mas nos ajuda de forma incomensurável a delineá-las. Ao nos voltarmos para nossas tristezas, as grandes e as pequenas, podemos imaginar que estamos discutindo-as com uma pessoa muito gentil e paciente, que nos dá a chance de evocar essa dor detalhadamente; alguém que não nos apressa, nem pede que sejamos adultos ou corajosos e que nos permite admitir, sem medo, tudo o que nos incomoda. Devemos, na introspecção, ser o mais indulgentes possível conosco, para corrigirmos uma tendência normal de sermos um pouco brutais, insistindo que estamos fazendo tempestade em copo d'água – quando, no fundo, nossa dor precisa de alguém que a escute. No começo do século XIX, o poeta alemão Heinrich Heine escreveu um poema chamado *Lorelei*, que inicia com um reconhecimento sincero:

> *Ich weiss nicht, was soll es bedeuten*
> *dass ich so traurig bin;*

> [Não sei por que motivo
> Estou tão triste.]

O que ele sugere aqui é que há sempre bons motivos para estarmos tristes; mas não nos permitimos sentir essa infelicidade, porque trabalhamos com parâmetros injustos do que sejam os motivos corretos e normais para ficarmos chateados.

EXERCÍCIO
Interpretando a tristeza

O mais rápido possível, e sem se preocupar com o risco de soar mesquinho, pretensioso ou despropositado, escreva uma lista de coisas que o deixam triste agora. Quanto mais, melhor. De que maneira os outros te magoaram? Por que você está triste, nostálgico ou chateado?

Permita-se, na segurança deste exercício, por exemplo, ficar furioso com a maneira como o seu cônjuge escova os dentes (muito preguiçoso, ou muito determinado); os agentes da política global; seu chefe dizendo, "ah, tá bom", de um jeito levemente debochado; o recepcionista do hotel que insinuou que talvez você não esteja muito bem, ou a sua mãe comentando sua escolha de sapatos. Esses são apenas pontos de partida e são todos muito válidos.

Agora, pergunte a si mesmo: se isso tivesse acontecido com um amigo, que conselho você daria? O que você diria?

Mais uma vez, não estamos ainda tentando resolver essas questões. O essencial é definir com clareza o que, de fato, está nos perturbando. Estamos deixando que os problemas reconheçam a si mesmos como tais.

ENTUSIASMO

Há uma terceira questão que devemos levar em conta na Meditação Filosófica: o que me deixa empolgado neste instante?

Nossas mentes tendem a ficar entupidas de fontes não exploradas de entusiasmo que podem, depois de decodificadas, apontar um caminho para realizar mudanças importantes em nossas vidas. Um entusiasmo é uma espécie de placa indicando direções muito curiosas, e aparece em geral no nosso trabalho ou na vida pessoal. Podemos experimentá-lo quando lemos um artigo no jornal sobre um novo tipo de negócio ou ouvimos os planos de um colega de se mudar para outra cidade, mas muitas vezes não paramos para analisar o entusiasmo e acabamos perdendo oportunidades de nos desenvolvermos.

Todos nós sentimos um impulso de crescer e nos desenvolver. Quando estamos atentos, podemos perceber um pouco melhor as versões de nós mesmos graças às mensagens que recebemos de maneira truncada através dos nossos pontos de interesse. O trabalho da introspecção é nos ajudar com a pergunta: se essa experiência atraente (pode ser uma vista, um livro, um lugar, uma biografia) pudesse falar, o que ela me contaria? Quem ela está me convidando a me tornar? Se outras partes da minha vida fossem mais dessa maneira, como seriam as coisas? Tudo que desperta a nossa curiosidade ou gera algum prazer está fornecendo dados – de maneira um tanto ilegível – a respeito de algo importante que está em falta ou em pequenas quantidades em nossas vidas. Deveríamos parar e reconhecer a direção para a qual estamos nos voltando de modo desarticulado, mas talvez com sabedoria.

EXERCÍCIO
Interpretando o entusiasmo

Liste rapidamente várias coisas que chamaram a sua atenção e despertaram seu interesse desde a última Meditação. Uma palavra ou uma frase curta basta. Sua lista pode incluir:

- Momentos de inveja
- Devaneios: ideias a respeito de como seria a vida, idealmente
- Como alguém ou algo foi agradável

Passe essas anotações por uma peneira, com essas novas questões:

- Descreva seu entusiasmo como se falasse com um amigo interessado e simpático.
- Se você pudesse alterar, de maneira realista, a sua vida, o que ela precisaria mudar com base nisso?
- Essa coisa entusiasmante guarda pistas do que está faltando na sua vida; o que pode ser?
- Se essa coisa pudesse falar, o que ela te diria?
- Se essa coisa pudesse tentar alterar sua vida, que mudanças ela recomendaria?

A Meditação Filosófica não resolve de maneira mágica seus problemas, mas pode ser de grande ajuda para criar uma ocasião na qual possamos identificar nossos pensamentos e ordená-los. Medos, ressentimentos e esperanças ficam mais fáceis de nomear. Nós nos tornamos menos assustados quanto aos conteúdos de nossas mentes; ficamos mais calmos, menos rancorosos e vemos com mais clareza os caminhos de nossas vidas. Começamos, enfim, a nos conhecer um pouco melhor.

III
Identidade emocional

Nossas personalidades podem ser divididas em uma gama de diferentes identidades, e cada uma delas pode lançar uma luz a respeito de um lado específico do que nós somos: uma identidade política, uma identidade de vestimentas, uma identidade financeira, uma identidade culinária e assim por diante.

Talvez a identidade mais importante e reveladora seja a nossa Identidade Emocional: o modo característico pelo qual nossos medos e desejos se manifestam e através do qual nossas personalidades respondem ao comportamento – negativo e positivo – dos outros. Estes são os quatro temas que estruturam nossas Identidades Emocionais:

- Amor-próprio
- Franqueza
- Comunicação
- Confiança

É a dosagem específica e a organização deles dentro de nós que moldam quem somos.

Conhecer a si mesmo envolve, em grande parte, a questão de compreender a configuração muito única de nossa Identidade Emocional.

AMOR-PRÓPRIO

O amor-próprio está no núcleo da resposta ao enigma de quem somos emocionalmente. É essa qualidade que determina até que ponto uma pessoa tem sentimentos de ternura em relação a si própria, é capaz de perdoar e aceitar quem ela é, e se mostra capaz de permanecer decidida diante de dificuldades e problemas.

Indícios do nosso grau de amor-próprio emergem particularmente como resposta a ameaças vindas de outras pessoas. Quando conhecemos um estranho que possui coisas que não temos (um emprego melhor, um cônjuge mais atraente etc.), quando nosso amor-próprio está em baixa, logo nos sentimos desprezíveis e dignos de pena. Ou, se nossos níveis de amor-próprio são maiores, podemos continuar seguros com o que já temos e com o que somos. Quando outra pessoa nos frustra ou nos humilha, podemos ser capazes de ignorar o insulto, confiantes no nosso direito de existir, ou talvez precisemos cobrar respeito dos outros, permanecendo deprimidos e devastados, com o âmago do nosso ser esmagado por causa de algumas palavrinhas desagradáveis. Quando surge a necessidade de arriscar a parecer idiota, podemos sentir que o perigo é grande demais, ou talvez sejamos capazes de suportar a reprovação dos outros, graças a um grau suficiente de controle interior.

A força e a natureza do nosso amor-próprio podem ser localizadas com clareza nos relacionamentos. Quando uma relação amorosa não está funcionando (talvez porque estejamos nos machucando ou sendo ignorados), temos amor-próprio o bastante para sair com rapidez dela? Ou estamos tão mal que carregamos uma crença implícita de que merecemos sofrer nessas relações íntimas? De outro modo, quando estamos apaixonados, quão bom nós somos em pedir desculpas por coisas que podem ser culpa nossa? Se temos quantidades consideráveis de amor-próprio, podemos sentir que é possível admitir erros e ainda acreditar que somos pessoas decentes. No entanto, se o seu amor-próprio é muito frágil, nenhuma admissão de culpa ou erro se mostra possível, pois sabotaria o último resquício da nossa autoestima. Viramos pessoas difíceis de se ter por perto.

Na cama, quão limpos e naturais os nossos desejos parecem ser? Ou, ao contrário, quão nojentos e pecaminosos? Se existe uma quantidade de amor-próprio suficiente na nossa personalidade, é possível reconhecer que nossos desejos são – precisamos admitir – um tanto esquisitos, de vez em quando, mas não sentir que são sombrios ou horríveis. Não podem ser, pois nós os temos e sabemos que, por dentro, não somos pecadores. Não precisamos sentir vergonha de nós mesmos.

O amor-próprio também é um fator importante na nossa vida profissional, pois é ele que determina o quanto somos capazes de reivindicar nossas necessidades no escritório. Temos uma visão razoável e bem fundamentada de qual é o nosso valor e somos capazes de pedir (e esperar conseguir) as condições que nos permitem trabalhar de maneira mais eficiente? A questão do amor-próprio decide quão independente podemos ser, como ser capazes de nos agarrar a uma ideia bem elaborada que acreditamos ser boa, ainda que os outros não a compreendam. Com níveis suficientes de amor-próprio, somos capazes de dizer não; não somos obrigados a tentar agradar todo mundo feito malucos. Também podemos pedir um aumento quando sentimos que o merecemos. Estamos cientes de nossa contribuição genuína. O amor-próprio digno não é egoísmo: é a sensação de respeitar corretamente a nós mesmos.

O amor-próprio
digno não é egoísmo:
é a sensação de
respeitar corretamente
a nós mesmos.

FRANQUEZA

A franqueza é outro elemento fundamental da nossa Identidade Emocional. A quantidade de franqueza de que uma pessoa é capaz determina até que ponto as ideias difíceis e os acontecimentos perturbadores podem ser aceitos de modo consciente pela mente, e explorados com tranquilidade e levados a sério. O quanto somos capazes de admitir para nós mesmos coisas sobre quem nós somos – até se, ou especialmente quando, é algo não muito agradável? O quanto precisamos insistir na nossa própria normalidade e sanidade? Somos aptos a explorar nossas mentes e encarar os cantos mais sombrios e complicados sem desviar os olhos? Podemos admitir os erros que cometemos? Podemos admitir que sentimos inveja, tristeza e confusão?

Ao lado de outras pessoas, quão prontos estamos para aprender? Precisamos sempre estar na defensiva, achando que qualquer crítica é um ataque a tudo que somos? Quão rápido erguemos um muro sempre que ouvimos um *feedback*? Quão dispostos estamos para aprender, levando em conta que as lições mais valiosas sempre vêm de maneira dolorosa?

COMUNICAÇÃO

Nossa Identidade Emocional entra mais ainda em foco quando analisamos nosso estilo de comunicação. Somos capazes de traduzir nossas decepções em palavras que, mais ou menos, permitem que os outros enxerguem o nosso ponto de vista? Ou internalizamos a dor, a expressamos simbolicamente ou a descontamos em inocentes com uma fúria contraproducente?

Quando outras pessoas nos incomodam, achamos que é aceitável comunicar nosso estado interior? Sentimos que temos o direito de deixar que os outros nos entendam? Ficamos emburrados? Em outras palavras, quando a resposta desejada não chega, desistimos logo e entramos em um silêncio agressivo? Ou tentamos uma segunda tentativa plausível: levar a sério a ideia de que a outra pessoa não é necessariamente má ou idiota? Será que conseguimos ficar calmos o bastante para ensinar? Até que ponto podemos admitir que é legítimo que outras pessoas não nos entendam, e ainda sentir que há uma jornada plausível e convincente na qual podemos conduzi-las para que compreendam nosso ponto de vista?

CONFIANÇA

Quando se trata da Identidade Emocional, a confiança diz respeito aos nossos sentimentos instintivos acerca de quão seguros ou perigosos nós, outras pessoas e o mundo em geral parecem ser. Podemos ter mais ou menos graus de confiança na nossa capacidade de sobreviver aos desafios. Teoricamente, sabemos que um discurso, uma análise da performance, uma rejeição amorosa ou um período de dificuldade financeira não representam risco de morte, porém, internamente, pode parecer que aquilo é um perigo enorme.

É bom ter algum grau de estresse, mas o seu nível é algo muito individual. Quão perto nós estamos, a qualquer momento, de uma catástrofe? Na companhia de outras pessoas, o quanto suspeitamos que elas querem nos prejudicar? Pessoas estranhas são geralmente boas ou o mais provável é que sejam más? De modo geral, imaginamos que novos conhecidos vão gostar da gente ou vão nos machucar? Quão frágeis são os outros? Se somos um pouco mais assertivos, os outros irão desmoronar ou ficarão mais ou menos bem?

No amor, os graus de confiança determinam nossa ansiedade a respeito do futuro ao lado de nossos parceiros. O quanto precisamos nos agarrar a eles? Se nos deixarem por um tempo, será que voltarão? O quanto imaginamos que vamos sofrer se não retornarem? Quão "controladores" precisamos ser? Tal comportamento controlador deriva de uma falta de confiança geral na outra pessoa? O quanto podemos nos arriscar? Podemos abordar uma pessoa estranha que parece interessante? Podemos tomar a iniciativa no beijo ou no sexo?

No trabalho, quão resilientes somos? Ninguém quer fracassar, mas o mundo é visto como um lugar clemente no qual é comum ter uma segunda ou terceira chance? Sentimos que o mundo é grande o bastante, ou razoável o suficiente, para que tenhamos uma chance legítima de fazer o que quisermos, ou temos que ser dóceis e subservientes?

TESTANDO A IDENTIDADE EMOCIONAL

É bastante sintomático da maneira como a nossa mente funciona o fato de que não conseguimos nos perguntar, diretamente, quem somos nós em termos de Identidade Emocional. Precisamos fazer perguntas menores e respondê-las sem pensar muito, ou seja, tentando desviar de filtros que racionalizem nossas respostas. Então, precisamos voltar e olhar nossas respostas na tentativa de formar um quadro plausível de quem podemos ser emocionalmente.

Precisamos realizar um Questionário de Identidade Emocional:

QUESTIONÁRIO
Identidade Emocional

Dê uma nota de 1 a 5 para cada uma das afirmações abaixo:

1 = Não é verdade.
2 = Não é verdade, mas reconheço isso em parte.
3 = Não sei – talvez sim, talvez não.
4 = Um pouco verdade, mas tenho certas reservas.
5 = Sim, é verdade.

Amor-próprio
a. Se as pessoas soubessem quem eu realmente sou, bem no âmago do meu ser, ficariam chocadas.
b. Pode ser constrangedor perguntar onde fica o banheiro.
c. Nos relacionamentos, pode ser muito perturbador quando alguém de quem você gosta também passa a gostar de você.
d. Às vezes me sinto um tanto repulsivo.
e. Quando as pessoas te aprovam, boa parte disso vem do que você conseguiu conquistar.

Franqueza

a. As pessoas costumam pensar demais.
b. Não sou uma pessoa ciumenta.
c. Em geral, sou muito são.
d. A princípio não me incomodo em receber *feedback*, mas a maioria das críticas que ouvi foram muito equivocadas.
e. Falam muita bobagem psicológica hoje em dia.

Comunicação

a. As pessoas de quem você é próximo devem ser naturalmente boas em compreender como você se sente em diversas áreas.
b. Quando me sinto incompreendido, preciso ficar a sós.
c. Não sou um bom professor.
d. De vez em quando, fico emburrado.
e. As pessoas quase nunca entendem o que você está tentando explicar.

Confiança
1. Não vai ficar tudo bem no final.
2. Eu me preocupo com a minha saúde.
3. A civilização é muito frágil.
4. Quando alguém se atrasa, às vezes me pergunto se pode ter morrido.
5. Se você não estiver atento às pessoas, elas tentarão enganá-lo.

Conte sua pontuação em cada categoria. Quanto menor ela for, mais você tem dessa qualidade. Quanto maior, menos Amor-Próprio, Franqueza, Comunicação e Confiança você possui.

HERANÇA EMOCIONAL

O que cria a Identidade Emocional? Por que temos certa Identidade Emocional e não outra?

Uma grande solução moderna é buscar a resposta na genética: ela nos conta que temos uma herança genética específica e, através de muitos processos complexos, essa herança molda a nossa personalidade adulta. Não estamos dizendo que a genética é irrelevante, mas queremos focar nossa atenção em outro tipo de herança: a Herança Emocional.

Um costume típico dos nobres europeus ao longo de muitos séculos era manter um retrato bastante elaborado da sua árvore genealógica, mostrando a linhagem familiar de várias gerações. A pessoa situada no fim da árvore veria a si mesma como um produto – e um herdeiro – de tudo o que veio antes dela. A árvore oferecia um rápido guia visual a respeito de quem eram e o que os outros deveriam saber a respeito dela. Se dois aristocratas cogitassem o casamento, a primeira coisa que fariam seria analisar com cuidado a árvore genealógica um do outro.

Isso pode parecer uma preocupação muito antiquada, ligada a outra época e de interesse apenas de famílias grandiosas e centenárias. Mas a ideia de tal árvore gira em torno de uma preocupação universal e ainda muito relevante: ainda que ignoremos o status social e financeiro das nossas famílias, todos nós temos outra espécie de legado significativo com o qual lidar, no sentido de que cada um de nós recebe uma herança emocional, em grande parte desconhecida e, ainda assim, muito influente em determinar o nosso comportamento cotidiano, em geral nos levando a direções complexas ou negativas. Precisamos entender os detalhes da nossa Herança Emocional um pouco antes de sermos capazes de arruinar as nossas vidas e a dos outros ao agir com base nas suas dinâmicas antiquadas e problemáticas.

Parte do que herdamos psicologicamente de nossas famílias pode ser, é claro, positiva. Marco Aurélio (121-180 d.C.), o filósofo e imperador de Roma, inicia suas *Meditações* com uma lista comovente das muitas coisas positivas que aprendera dos seus parentes:

> *De meu avô Verus, aprendi o bom caráter e a controlar meu temperamento.*
>
> *De meu pai, a modéstia e a virilidade.*
>
> *De minha mãe, compaixão e beneficência, e a abstinência, não apenas de maus atos, mas também de maus pensamentos; e, mais do que isso, a simplici-*

dade no modo de viver, muito distante dos hábitos dos ricos.

MARCO AURÉLIO, Meditações

Poucos são tão sortudos quanto ele. Além das coisas positivas, costumamos herdar muitas predisposições que tornam mais difícil do que o necessário lidar com a vida adulta, em especial na área de relacionamentos e trabalho. Se fôssemos repetir o exercício de Marco Aurélio, talvez seguíssemos um caminho mais sombrio:

De minha mãe, aprendi a perder a calma com facilidade e a desistir de ser ouvido pelas pessoas mais próximas de mim.

De meu pai, aprendi a me julgar com base nas minhas conquistas externas e, portanto, a sentir inveja e pânico diante de reveses profissionais.

Boa parte de nossa herança vai contra nossas chances de nos sentirmos bem e realizados, porque sua lógica não é baseada no presente; envolve uma repetição de comportamento e de expectativas formadas e aprendidas na infância, em geral como a melhor forma de defesa que conseguimos reunir em nossa imaturidade diante de uma situação maior e mais complexa do que nós éramos naquela época.

Infelizmente, é como se parte de nossas mentes não tivesse se dado conta da mudança nas nossas circunstâncias externas, mas insistisse em reencenar a manobra defensiva original, até mesmo na frente de outras pessoas, ou em momentos que não exigem aquela reação. Por exemplo, algum dia fez sentido tentar ver o lado bom e atrair a lealdade de um parente, mesmo quando este foi negligente e mesmo violento: havia poucas opções. Porém, continuar associando afeto com violência e negligência é impor restrições intoleravelmente estreitas nas escolhas amorosas de uma pessoa.

Agarramo-nos à nossa Herança Emocional porque a recebemos em condições de desamparo completo. Nossa infância foi um período de vulnerabilidade extrema. Estávamos completamente à mercê do ambiente que predominava ao nosso redor. Não conseguíamos nos movimentar, falar, ou nos controlarmos direito; não sabíamos nos acalmar ou recuperar nosso equilíbrio. Não tínhamos escolha quanto a quem iríamos direcionar nossos sentimentos, nem como nos defender de maneira adequada de quem nos machucava. Não conseguíamos concatenar pensamentos, e precisávamos da linguagem que nos emprestavam para começar a interpretar o que necessitávamos. Até nas circunstâncias mais benignas, em que só as melhores intenções estão em jogo, as possibilidades de distorção são enormes. Poucos conseguem sair dessa sem cicatrizes.

Os psicoterapeutas desenvolveram um termo especial para explicar o que herdamos emocionalmente do passado: chamam isso de "transferência". Na visão deles, cada um de nós está sempre em risco de "transferir" padrões de comportamento e sentimentos do passado para o presente, ainda que não haja uma exigência realística para isso. Sentimos necessidade de punir pessoas que não são responsáveis por aquilo; preocupamo-nos com uma humilhação que não está em jogo; somos movidos a trair, porque um dia fomos traídos, três décadas atrás.

Idealmente, construiríamos um depósito de conhecimento do que (e de quem) herdamos uma espécie de árvore genealógica que mostraria, a nós e aos outros, os problemas que foram transferidos ao longo de gerações e que podem atrapalhar nossas vidas hoje em dia.

APRENDENDO A LIDAR COM
A HERANÇA EMOCIONAL

A maturidade inclui aceitar, com serenidade, que estamos envolvidos em várias transferências, mas tendo o compromisso de ao menos tentar desemaranhá-las racionalmente. Crescer exige o esforço de perceber, com humildade, as dinâmicas exageradas que podemos trazer às situações, e de nos monitorarmos de modo mais preciso e crítico para aprimorar nossa capacidade de tomar decisões no momento presente, com mais justiça e neutralidade. A ideia é criar consciência a respeito da origem dos nossos problemas e de quais áreas das nossas vidas precisam de um cuidado maior.

Tradicionalmente, as árvores genealógicas não existiam apenas para informar as pessoas sobre suas próprias famílias; eram objetos públicos, que buscavam transmitir a estranhos o que eles precisavam saber a respeito de uma família. Antes de pessoas importantes se casarem, elas analisavam com cuidado a árvore genealógica umas das outras para saber o que estava em jogo. Uma árvore genealógica emocional, assim, seria algo que permitisse que os outros soubessem mais sobre nós em contextos nos quais poderiam demonstrar empatia, antes de machucarmos ou irritarmos essas pessoas graças à nossa herança. Conhecer o risco da transferência prioriza a empatia e a compreensão sobre a raiva e o julgamento. Podemos notar que surtos repentinos de ansiedade ou hostilidade nos outros nem sempre são causados diretamente por nós, e então não devem sempre ser lidados com fúria ou orgulho ferido. Rispidez e condenação podem abrir espaço para a compaixão e para as dificuldades que todos nós temos com o nosso passado.

Em um mundo perfeito, duas pessoas em um jantar, em um de seus primeiros encontros, trocariam árvores genealógicas muito bem desenhadas com o nome de "Minha Herança Emocional". Tal árvore ainda seria algo para se dar de presente no casamento, e seria exigido pelas empresas, junto com seu currículo. Uma Herança Emocional complexa não deve ser fonte de vergonha; há orgulho em compreender as partes que nos constituem. Não precisamos que ninguém seja perfeito; apenas que sejam capazes de explicar as imperfeições que herdaram de maneira calma, e na hora certa, antes de nos envolvermos com o sofrimento que essas pessoas podem nos causar.

Encarar por completo a nossa Herança Emocional é uma tarefa de longo prazo. Exige muito tempo e envolve fazer perguntas a nós mesmos, várias e várias vezes. Então, vale se questionar: qual é o objetivo em perceber de que maneira a Herança Emocional moldou a nossa identidade atual? Parece haver três grandes benefícios neste exercício terapêutico:

1. Nós ficamos cientes do tanto que somos, todos, um bocado malucos (ou seja, de como deixamos os outros perplexos, e podemos ser inadequados em nossas respostas). E assim podemos nos dar conta disso antes de causarmos muito dano. Mas também entendemos por que somos assim. Não precisamos nos odiar; podemos ter mais empatia com nossos legados esquisitos e perceber que assimilamos alguns métodos um tanto contraproducentes de lidar com as coisas.
2. Tornamo-nos capazes de nos explicar mais claramente aos outros. Mesmo se não conseguimos mudar por completo, ainda podemos sinalizar o que pode ser mais difícil de lidar ao se conviver conosco. Se entendermos melhor a nós mesmos, podemos ajudar os outros a nos compreender com mais empatia, também.
3. Começamos a notar que temos um grau de liberdade e de oportunidade de mudar (em um nível limitado, porém útil) as partes complicadas de quem somos nós. Não precisamos continuar repetindo exatamente o que sempre fizemos. Existem outras opções.

QUESTIONÁRIO
Herança Emocional

Nossas Identidades Emocionais possuem história; são as Heranças Emocionais de nossas famílias. Saber mais a respeito de nossa Herança Emocional nos permite estar atentos aos comportamentos peculiares, sentir empatia por nós mesmos, explicar-nos aos outros e mudar, ainda que em pequenas coisas.

Pense nos aspectos familiares herdados dos pilares centrais de sua Identidade Emocional:

Amor-próprio
- Você se sente amado?
- O quanto de quem você realmente é permitiram que você fosse?
- Permitiam que você fracassasse?
- Faziam com que você se sentisse culpado e envergonhado? De que maneira?
- Como o seu lado "mau" era recebido?

Franqueza
- Você tinha que ser muito normal?
- As pessoas ao seu redor admitiam estar tristes e com medo?
- Importava o que as outras pessoas pensavam?

Comunicação
- As pessoas se comunicavam com paciência e clareza com você?
- Deixavam você contar aos outros como de fato se sentia?

Confiança
- As pessoas ao seu redor estavam confiantes quanto ao mundo?
- Elas sentiam um pânico intenso?
- Perdiam a calma com frequência?
- Quão preocupados ficavam com a sua saúde?

Investigue essas questões com suavidade. Seja empático. Se empacar nessa atividade, tenha paciência. Cada resposta pode ser um longo romance, ou pelo menos um conto.

IV
Honestidade e negação

Um grande obstáculo ao autoconhecimento e, por sua vez, a uma vida plena, é a tendência de uma parte da mente de mentir para a outra. Mentimos para nós mesmos por um motivo que parece bastante compreensível: queremos evitar o sofrimento. Viramos especialistas em empurrar pensamentos perturbadores para as profundezas do inconsciente pois estamos com medo.

SOBRE O QUE MENTIMOS PARA NÓS MESMOS

Existem quatro coisas sobre as quais costumamos mentir para nós mesmos:

1. *Coisas que precisamos mudar em nossas vidas*
Mentimos a respeito de todos os aspectos problemáticos que exigiriam um esforço considerável para que fossem alterados: nossos trabalhos, relacionamentos, amizades, relações familiares, saúde, hábitos e ideias.

2. *Coisas que podem perturbar nossa autoimagem*
Mentimos porque precisamos ter uma visão positiva acerca de nós mesmos e estamos dedicados a imaginar que somos essencialmente normais, sem amores e ódios peculiares ou pensamentos que se desviam da norma.

3. *Coisas que queremos muito e não podemos ter*
Mentimos porque não queremos nos sentir tão inadequados, e também porque nos faltam tantas coisas boas.

4. *Coisas com as quais ficamos irritados com os outros*
Mentimos porque ficamos furiosos com certas pessoas que devemos amar. E mentimos porque as coisas que nos enfurecem parecem tão pequenas e mesquinhas para um adulto se incomodar com aquilo.

COMO MENTIMOS PARA NÓS MESMOS

Levando em conta como a verdade sobre nós mesmos pode parecer perigosa, precisamos aprender a virar mestres do autoengano. Nossas técnicas são diversas, criativas e muito imaginativas. Aqui estão algumas das principais manobras que empregamos para puxar o cobertor sobre os nossos olhos:

Distração ou vício
Identificamos algo que pode ser útil para manter nossos pensamentos longe de confrontos internos perturbadores. A pornografia online é um clássico; as notícias, outro; álcool, um terceiro exemplo; o trabalho, um quarto. Não gostamos tanto assim desses elementos por eles mesmos; gostamos deles pela capacidade que têm de nos afastar do que tememos.

Entusiasmo maníaco
Uma tristeza que não fomos capazes de admitir muitas vezes é encoberta com doses exageradas de um entusiasmo maníaco. Não estamos felizes, mas incapazes de permitir que sintamos a menor das tristezas. Do contrário, seríamos esmagados pelo nosso luto apagado. Desenvolvemos uma tendência frágil e insistente de dizer que está tudo bem. "É muito legal, né?", podemos insistir, sem deixar espaço para qualquer ideia contrária a isso.

Irritabilidade
Uma raiva que você se negou a demonstrar a certa pessoa ou situação muitas vezes acaba desembocando em uma irritabilidade generalizada. A mentira é tão bem-sucedida que não sabemos o que está acontecendo: apenas continuamos perdendo a calma. Alguém tirou o controle remoto do lugar, acabaram os ovos na geladeira, a conta de luz veio

um pouco mais alta... Qualquer coisa pode disparar uma fúria. Nossos cérebros estão tão cheios de pensamentos sobre quão frustrantes ou irritantes as coisas são, que ficamos sem espaço para nos focarmos na questão que é realmente triste e verdadeira.

Desdenhar
Dizemos a nós mesmos que não nos importamos com algo – amor, política, sucesso na carreira ou vida intelectual, aquele estudante lindo ou a casa que não temos dinheiro para comprar. E somos muito enfáticos ao falar de como não temos o menor interesse naquilo. Fazemos um grande esforço para deixar claro aos outros – e a nós mesmos – o quanto não estamos preocupados com aquele assunto. Não há dúvidas. Nós simplesmente não nos importamos. Nem um pouco. São todos idiotas. É um desperdício de dinheiro. Que imbecis. Podemos dar explicações longas e eruditas de por que algo não nos impressiona. Apelamos à razão e aos fatos. Somos cada vez mais eloquentes e perspicazes em descartar qualquer ideia de que possamos estar interessados em algo do que em defender alguma coisa que de fato amamos.

Reprovação
Censuramos e reprovamos intensamente comportamentos e pessoas. O que não admitimos é que somos tão dispostos a condenar apenas porque precisamos afastar a ideia de que uma parte de nós gosta daquele elemento rejeitado. Atacamos certos gostos sexuais como sendo desviantes e inaceitáveis justamente porque "quase sabemos" que compartilhamos deles em algum lugar dentro de nós mesmos. Ficamos felizes quando certas pessoas são presas ou humilhadas pela imprensa; o que fizeram foi terrível, insistimos, com o nosso ultraje nos protegendo de qualquer risco de notar uma conexão entre nós e eles.

Quando nossos sentimentos se tornam muito complicados, nós apenas os passamos para outra pessoa. Em vez de aceitá-los como sendo nossos, convencemos a nós mesmos de que existem apenas em outras pessoas, que atacamos e censuramos. Talvez o seu parceiro tenha começado a falar de uma pessoa um tanto famosa que vai dar uma festa. Você se empolga com aquilo, mas sente medo de ficar entusiasmado. Você deve ser igualitário e sério, então não pode desejar aquilo. Então, de maneira muito conveniente, parece que é só o seu parceiro que quer aquilo, e você o acusa de ser um "alpinista social de primeira". Você encontrou a pessoa perfeita para transferir seus desejos inaceitáveis.

Ficar na defensiva
Quando recebemos más notícias, recorremos a uma tática muito boa de desviar o foco: o ataque. Um colega tenta nos oferecer um *feedback*. No mesmo instante, nós o acusamos de grosseria, arrogância, justamente por achar que tem o direito de falar aquilo. Um parceiro aponta algo e ficamos furiosos porque estão nos pressionando mais ainda naquele momento difícil. Sentir-se ofendido ocupa toda a nossa atenção. Deixa a água turva. Não precisamos mais prestar atenção na informação correta e desafiadora.

Cinismo ou desespero
Ficamos tristes com coisas específicas, mas confrontá-las seria algo tão árduo que generalizamos e universalizamos a tristeza. Não dizemos que X ou Y nos deixou triste, mas que tudo é terrível e todos são horrorosos. Espalhamos a dor de tal maneira que suas causas específicas deixam de ser o foco de nossa atenção. Usando uma metáfora, é como se a tristeza tivesse se perdido na multidão.

A ideia de ser desonesto consigo mesmo pode não parecer muito razoável, mas por que não mentir, se isso é mais agradável? Qual é o problema de esconder coisas de nós mesmos, se sofremos tanto com a verdade? Por que a verdade é necessariamente boa?

OS PROBLEMAS
DE MENTIR PARA SI

A defesa da honestidade deve, no fim das contas, ser cautelar e egoística. Precisamos nos contar a verdade quando possível, pelo simples fato de que muitas vezes pagamos um preço altíssimo pela tranquilidade a curto prazo de nossas mentiras.

Perdemos oportunidades ótimas de crescer e aprender
As coisas que ficamos negando são dolorosas, porém, ao mesmo tempo, contêm material que pode ser vital para nosso crescimento e desenvolvimento geral.

Se pudéssemos parar, por um instante, de olhar pessoas nuas, de beber ou de conferir as notícias, e encarar o que temos que fazer, poderíamos – aos poucos – acabar em uma situação muito melhor.

Se pudéssemos aceitar que queremos certas coisas, mesmo se não conseguirmos todas elas, ainda garantiríamos alguma espécie de substituto.

Se pudéssemos encarar nossos desejos mais estranhos, aprenderíamos a percorrer nossas mentes com mais liberdade e ficar cientes de uma gama mais ampla dos nossos pensamentos, o que nos deixa mais criativos e interessantes.

Não somos pessoas agradáveis de se ter por perto
Nossas defesas podem estar escondidas de nós mesmos, mas suas consequências ficam evidentes para os outros. São eles que sofrem com nossa irritabilidade, tristeza, alegria fingida ou racionalizações defensivas. Agimos de modo injusto, então eles se afastam e mantêm distância. Ficamos cada vez mais isolados e sem amigos.

Desenvolvemos sintomas perigosos
A verdade acaba aparecendo. E, quando não a deixamos emergir, ela tem uma tendência de aparecer através de sintomas involuntários, muitas vezes físicos. Ficamos insones ou impotentes, temos espasmos na pálpebra, gaguejamos, acordamos gritando no meio da noite, ficamos sem energia, caímos na depressão...

O caminho para uma honestidade maior segue algumas das técnicas eficazes na reabilitação criminal. Precisamos reduzir a vergonha e o perigo da confissão. E temos que aumentar as chances de reabilitação.

Para impulsionar a coragem de olhar com maior franqueza para nós mesmos, precisamos de um senso do que é normal mais amplo e reconfortante. É claro que é normal se sentir invejoso, grosseiro, libidinoso, fraco, carente, infantil, megalomaníaco, apavorado e furioso. É normal sentir atração por pessoas mais jovens ou mais velhas do que nós e desejar aventuras aleatórias, mesmo quando temos uma união amorosa e dedicada. É normal magoar-se com sinais de rejeição, e ficar inseguro com qualquer indício de negligência de um cônjuge. É normal ser estranho; às vezes, queremos pular nos trilhos de um trem ou lamber o assento da privada. É normal nutrir esperanças profissionais que vão muito além do que conseguimos conquistar até então. É normal invejar outras pessoas, muitas vezes por dia, ou ficar irritado com qualquer crítica ao nosso trabalho ou performance, e ficar triste por pensarmos tanto em suicídio ou fuga.

Não pensamos nisso com liberdade e honestidade porque temos medo de nunca mais voltar depois de tais confissões. Mas reconhecer um sentimento não quer dizer que você precisa acompanhá-lo até a sua realização. Admitir uma fantasia ou um desejo não significa executá-los – na verdade, costuma ser uma alternativa a isso.

Compreender como funciona o autoengano pode nos ajudar não apenas a nós mesmos, mas também aos outros. Começamos a vê-los como pessoas que passam pelos mesmos problemas que nós. Muitas vezes, dizem coisas que não são o que de fato sentem ou desejam – coisas maldosas quando se sentem vulneráveis, talvez, ou coisas arrogantes quando se sentem diminuídas – e vamos ver que é uma atitude caridosa perdoá-las por nem sempre agirem de acordo com suas vidas interiores. Não é estranho pensar isso dos outros; é um ato bondoso que nos dá energia para oferecer uma segunda leitura, com mais compaixão, de um comportamento que, de início, pode parecer horripilante.

EXERCÍCIO
Um experimento de honestidade

Pense em nossa lista de atitudes defensivas de autoengano:

- Distração ou vício
- Entusiasmo maníaco
- Irritabilidade
- Desdenhar
- Reprovação
- Ficar na defensiva
- Cinismo ou desespero

Todos nós as praticamos o tempo todo.

Você consegue se lembrar de incidentes específicos na sua vida quando usou essas estratégias? O que você tentava ocultar de si mesmo?

Talvez ajude fazer esse exercício em grupo, porque o inimigo de tal esforço muitas vezes é a sensação de estarmos sozinhos. A solução é sempre normalizar as partes desdenhadas de nós mesmos.

V
Autojulgamento

A VOZ INTERIOR

Em algum lugar de nossas mentes, distante das atividades cotidianas, há um juiz. Ele observa o que fazemos, estuda como agimos, examina o efeito que provocamos nos outros, rastreia nossos sucessos e fracassos e, então, cedo ou tarde, declara seu veredito. Esse julgamento é tão significativo que colore toda a visão que temos de nós mesmos. Determina nossos níveis de autoconfiança e compaixão por nossas atitudes; empresta-nos uma noção que decide se somos seres dignos de existir ou não. O juiz controla o que chamamos de autoestima.

O veredito do juiz é mais ou menos amoroso, mais ou menos entusiástico, mas não segue nenhuma regra objetiva. Dois indivíduos podem acabar com níveis completamente distintos de autoestima, embora tenham feito quase a mesma coisa. Certos juízes apenas parecem mais predispostos que outros para oferecer uma visão terna, generosa e compreensiva de nós mesmos. Outros nos encorajam a sermos muito críticos, quase sempre decepcionantes, às vezes até com repulsa.

A origem da voz do nosso juiz interior é fácil de rastrear: é uma internalização da voz das pessoas que algum dia estiveram fora de nós. Absorvemos o tom de um cuidador bondoso e gentil, que gosta de rir com compaixão de nossas fraquezas e cria apelidos queridos para nós, ou então é a voz de um parente irritado ou incomodado; as ameaças de um familiar mais velho que adora nos diminuir; as palavras de um valentão na escola, ou de um professor que parecia impossível de se agradar. Assumimos essas vozes porque, em certos momentos do passado, elas soavam totalmente convincentes e irresistíveis. As figuras de autoridade repetiam suas mensagens sem parar, até que ficassem gravadas no nosso modo de pensar – para o bem ou para o mal.

EXERCÍCIO
Uma auditoria da nossa voz interior

Podemos registrar o tom de nossa voz interior quando nos dispomos a terminar as seguintes frases:

- Quando faço algo idiota, eu costumo me dizer que...
- Quando tenho sucesso, costumo me dizer que...
- Quando estou com preguiça, minha voz interior diz...
- Quando penso no que desejo sexualmente, minha voz interior diz...
- Quando fico irritado com alguém, minha voz interior diz...

Esse juiz interior soa bondoso ou punitivo para você? Qual voz externa se tornou uma voz interna no contexto de cada pergunta?

POR QUE A VOZ INTERIOR
É TÃO IMPORTANTE

O nosso nível de amor-próprio é muito determinante em nossas vidas. Pode ser tentador supor que ser duro com nós mesmos, por mais doloroso que seja, é útil. A autoflagelação pode parecer uma estratégia de sobrevivência que nos afasta de muitos perigos da indulgência e da complacência. Mas existem riscos iguais, se não maiores, em uma falta de compaixão pelas nossas batalhas. Desespero, depressão e suicídio não são riscos pequenos.

Afligidos por falta de amor-próprio, relacionamentos românticos se tornam quase impossíveis, pois uma das exigências centrais da capacidade de aceitar o amor do outro é ter algum grau de afeto por nós mesmos, o que gera autoconfiança. Isso é construído ao longo de anos, em boa parte durante a infância. Precisamos de um legado de sentir que somos, em algum nível básico, pessoas que merecem amor, para que não respondamos de modo obtuso aos afetos que nos são dados por possíveis parceiros. Sem uma quantidade razoável de amor-próprio, a bondade do outro sempre parecerá falsa ou equivocada, e pode soar até como um insulto, pois sugere que essas pessoas estão longe de nos compreender, tamanha é a diferença da avaliação a respeito do que nós merecemos receber. Acabamos decepcionando de forma autodestrutiva – embora inconscientes disso – o amor intolerável que nos foi ofertado por alguém que com certeza não tem a menor noção de quem realmente somos.

MUDANDO A VOZ INTERIOR

Pode ser tentador dizer que não devemos nunca nos julgar, que temos apenas que nos aprovar e amar. Mas uma boa voz interior é como (e tão importante quanto) um juiz de fato razoável: alguém que precisa separar o joio do trigo, mas que pode ser clemente, justo e preciso na hora de compreender o que está acontecendo, além de interessado em nos ajudar a lidar com nossos problemas. Não devemos parar de nos julgar; em vez disso, temos que aprender a sermos melhores juízes de nós mesmos.

Parte do aprimoramento de como nós nos julgamos envolve aprender – de maneira consciente e deliberada – a falar conosco de uma maneira nova e diferente, e isso significa nos expormos a vozes melhores. Precisamos ouvir vozes gentis e construtivas com frequência, e tratando de assuntos complicados, de modo que essas vozes passem a soar como respostas normais e naturais – e que, cedo ou tarde, virem nossos próprios pensamentos.

Uma boa abordagem é identificar uma boa voz que conhecemos no passado e dar mais espaço para ela. Talvez uma avó ou tia bondosa que logo via nosso lado da situação ou que nos oferecia palavras encorajadoras. Quando as coisas não saem do jeito que a gente quer, temos que nos perguntar o que essa pessoa diria – e então ensaiar, de forma ativa, dizer a nós mesmos essas palavras de consolo que tais pessoas provavelmente ofereceriam (costumamos saber de imediato quais são elas).

A outra grande estratégia para mudar as vozes em nossas cabeças é tentar nos tornarmos amigos imaginários de nós mesmos. Na amizade, sabemos de forma instintiva como lançar mão de estratégias de sabedoria e consolo que nos recusamos teimosamente a aplicar a nós mesmos.

Existem três grandes estratégias que um bom amigo tipicamente executaria, que podem fornecer um modelo para o que deveríamos fazer com nós mesmos dentro de nossas cabeças – com um novo compromisso com o amor-próprio. Primeiro, um bom amigo já gosta bastante de você do jeito que você é. Se fizerem alguma sugestão ou plano de como você pode mudar, é sempre algo construído com base em uma história de aceitação. Quando sugerem que você tente algo diferente, não é um ultimato ou uma ameaça. Não estão dizendo que, se você não mudar, será abandonado. O amigo insiste que já somos bons o suficiente. Mas eles querem somar forças para nos ajudar a resolver um desafio que sentem que seria bom que superássemos.

Sem ser bajuladores, os bons amigos também nos lembram constantemente daquilo que estamos fazendo direito. Não acham nada errado em elogiar de vez em quando e em destacar nossos pontos fortes. É muito irritante a facilidade com que nos esquecemos dos nossos pontos fortes na hora dos problemas. O amigo não cai nessa armadilha; pode reconhecer as dificuldades enquanto se lembra de nossas virtudes. O bom amigo tem compaixão. Quando fracassamos, o que inevitavelmente acontece, são compreensivos e generosos com nossos percalços. Nossos momentos de insensatez não nos excluem do círculo de amor deles. O bom amigo é rápido em apontar os erros e fracassos que todos os seres humanos cometem. Todos saímos da infância com várias distorções no nosso caráter que surgiram para nos ajudar a lidar com pais obrigatoriamente imperfeitos. Esses hábitos mentais adquiridos vão, sem dúvida, nos frustrar na vida adulta. Mas a culpa não é nossa, porque não optamos por ser assim. Não tínhamos outras escolhas melhores. O bom amigo sabe que nossos fracassos não são, de fato, raros. Ele traz, como ponto de partida, sua própria experiência de cometer erros como referência e sempre nos diz que o nosso caso específico pode ser único, mas a estrutura geral é comum. As pessoas não erram só de vez em quando. Todo mundo erra; nós é que não ficamos sabendo.

É irônico, mas também essencialmente algo esperançoso, que em geral nós saibamos como ser bons amigos com pessoas próximas, mas não com nós mesmos. A esperança está no fato de já possuirmos as habilidades relevantes da amizade. Apenas ainda não as direcionamos para a pessoa que mais precisa dela – ou seja, nós mesmos.

VI
Ceticismo emocional

Pode-se supor que o resultado de qualquer tentativa organizada de autoconhecimento será um entendimento profundo de nossos seres. Mas o estranho é que o resultado verdadeiro é muito diferente. Parece que, quanto mais exploramos em detalhes nossas mentes, mais passamos a ver a quantidade de truques que ela pode aplicar na gente – e, portanto, mais precisamos nos dar conta da frequência com que interpretamos errado as situações e nossas próprias emoções. Uma investigação bem-sucedida na área do autoconhecimento deve acabar admitindo o quão pouco – e talvez isso nunca mude – conhecemos de nós mesmos. Trata-se de um paradoxo aparente resumido por Sócrates: *sou sábio não graças ao que sei, mas ao que não sei*.

Essa atitude crítica em relação às nossas próprias mentes pode receber um nome especial: Ceticismo Emocional. O Ceticismo Emocional envolve permanecer muito alerta em relação aos nossos instintos, impulsos, convicções e paixões intensas. Nossos cérebros são instrumentos brilhantes, capazes de raciocínio, síntese, memória e imaginação, em uma velocidade impressionante. Mas esses cérebros – podemos chamá-los de nozes, por causa de sua aparência – também são máquinas de falhas sutis e perigosas. Eles têm problemas que não se anunciam como tais e, portanto, nos dão poucas dicas do quanto devemos ficar em alerta em relação aos nossos processos mentais. A maioria das falhas das nozes pode ser atribuída à maneira como o instrumento evoluiu ao longo de milhões de anos. Ele surgiu para lidar com ameaças, muitas das quais não existem mais ao nosso redor; ao mesmo tempo, não teve chance de desenvolver respostas adequadas para uma grande variedade de desafios gerados por nossas sociedades complexas.

Uma investigação bem-sucedida na área do autoconhecimento deve acabar admitindo quão pouco – e talvez isso nunca mude – conhecemos de nós mesmos.

AS FALHAS DA NOZ PROBLEMÁTICA

Devemos sentir pena da situação da noz e compaixão por nós mesmos. Mas também devemos permanecer vigilantes. Aqui estão algumas das várias coisas de que precisamos cuidar quando se trata das nossas nozes problemáticas:

A noz é influenciada pelo corpo a tal ponto que sequer o reconhece
A noz é terrível em compreender por que tem certos pensamentos e ideias. Costuma atribuí-los a condições objetivas no mundo, em vez de ver que podem derivar do impacto do corpo sobre a mente. Não costuma notar o papel que os níveis de sono, açúcar, hormônios e outros fatores psicológicos possuem na formação de ideias. A noz adere a uma interpretação intelectual de planos e posições que são, em sua base, muitas vezes apenas psicológicos. Portanto, pode ter certeza de que a resposta correta é se divorciar ou pedir demissão, em vez de voltar para cama ou comer algo que aumente os níveis de açúcar no sangue.

A noz é influenciada por seu passado, mas não enxerga suas distorções
A noz acredita que está julgando cada situação nova com base nos próprios méritos, mas inevitavelmente recorre a padrões de ações e sentimentos moldados em anos anteriores. Pode, por exemplo, presumir que qualquer homem mais velho que fala de maneira autoconfiante busca humilhá-la, quando na verdade foi apenas um homem – seu pai – quem fez isso.

A noz é péssima em autocontrole e se entusiasma e se apavora com as coisas erradas
A noz constantemente se empolga com coisas que não são boas para ela: açúcar, sal e sexo com estranhos, para começo de conversa. A publicidade sabe perfeitamente como explorar essa fragilidade. Nossas confusões podem, em geral, ser rastreadas até chegarmos a alvos com os quais devíamos focar em contextos mais simples, mas que causam um caos nas condições complexas da modernidade.

A noz é egocêntrica
A noz é treinada para olhar para as coisas do seu próprio ponto de vista – ou a maneira de olhar que foi estabelecida há muito tempo como normal em sua tribo. Muitas vezes não consegue acreditar que existem outras maneiras de olhar para um pro-

blema. Outras pessoas, portanto, podem parecer perversas ou horríveis – desencadeando em nós ultraje ou autocomiseração. É apenas no último segundo, de um ponto de vista evolucionário, que a noz começou a imaginar como é ser outra pessoa (um sintoma disso é que aprendeu a gostar de ler romances). Mas isso ainda é uma capacidade de empatia frágil, que costuma colapsar, em especial quando a noz está cansada, e alguém está tentando convencê-la de alguma ideia que soa esquisita.

AS CARACTERÍSTICAS DO CÉTICO EMOCIONAL

Há três coisas fundamentais que caracterizam a visão de mundo de uma pessoa emocionalmente cética.

Elas distinguem entre sentimentos e ação
Não agem automaticamente com base nos sentimentos. Os céticos abrem o equivalente a uma zona desmilitarizada entre emoções e ações. Tendo avaliado as fragilidades de nossas mentes, os céticos da Grécia Antiga recomendavam que aprendêssemos a desenvolver uma atitude do que chamavam de *epoché*, que se traduz como "reserva" ou "suspensão de julgamento". Cientes

de nossa tendência ao erro, nunca devemos nos apressar na hora de tomar decisões; devemos deixar nossas ideias assentarem, para que possam ser reavaliadas em diferentes épocas. Precisamos ficar muito alertas quanto ao impacto da excitação sexual, do cansaço e da opinião pública na formação de nossos planos.

São modestas quanto à racionalidade
As pessoas céticas têm uma consciência profunda de como aquilo que parece ser a razão pura e fria é, na verdade, uma escrava das paixões. Os céticos emocionais reconhecem que não podem ter certeza de que o que estão sentindo é a coisa certa. Tornam-se mais modestos, mais dispostos a admitir que algo pode ser dito do outro lado, mais abertos a ideias que soam, de início, muito implausíveis. Seu ceticismo os leva a serem mais generosos com os outros e mais modestos a respeito de suas próprias afirmações.

São pessoas abertas a revisar suas crenças e atitudes
Elas podem ter muita certeza e estarem comprometidas com algo, mas estão cientes de que suas conclusões são provisórias. Os céticos emocionais sabem que há mais nas suas mentes do que são capazes de acessar a qualquer momento

e, portanto, tratam suas posições iniciais como experimentais.

Nossa vulnerabilidade à distorção emocional não é culpa nossa: é o resultado de um mau encaixe entre o sistema de raciocínio que herdamos de nossa história evolucionária e a natureza complexa das tarefas que nos desafiam. Não podemos remodelar por completo o que nós somos: inevitavelmente, seremos varridos pelo egoísmo, o ciúme, o orgulho ferido, a projeção e surtos de pânico e raiva. Em outras palavras, estamos condenados, por natureza, a lidarmos com o mundo e moldarmos nossas vidas através dos mecanismos de um cérebro que às vezes é catastroficamente defeituoso.

No entanto, progrediremos muito no enfrentamento dos problemas de nosso maquinário, se nos prepararmos para isso; se aceitarmos que encaramos a realidade através de um vidro nada confiável e distorcido e que devemos, portanto, suspender nosso julgamento com frequência, além de moderar nossos impulsos, vigiar nossa alimentação e lutarmos para sair cedo da cama.

Então, finalmente teremos aprendido como nos conhecermos quando tivermos um quadro completo do que é possível saber – e do que é preciso continuar sem grandes expectativas de um dia saber.

The School of Life
Dedica-se a desenvolver a inteligência emocional – acreditamos que vários dos nossos problemas mais persistentes são gerados por uma falta de autocompreensão, compaixão e comunicação. Operamos a partir de dez campi físicos ao redor do mundo, incluindo Londres, Amsterdã, Seul e Melbourne. Produzimos filmes, damos aulas, oferecemos terapias e elaboramos diversos produtos psicológicos. A The School of Life Press publica livros a respeito dos assuntos mais importantes da nossa vida emocional. Nossos títulos foram desenvolvidos para entreter, educar, consolar e transformar.

© The School of Life, 2017
© Editora nós, 2021

DIREÇÃO EDITORIAL
Simone Paulino [Editora Nós]
Jackie de Botton [The School of Life Brazil]
Diana Gabanyi [The School of Life Brazil]
ASSISTENTE EDITORIAL
Joyce de Almeida
PROJETO GRÁFICO
Bloco Gráfico
ASSISTENTE DE DESIGN
Stephanie Y. Shu
REVISÃO
Jorge Ribeiro
PRODUÇÃO GRÁFICA
Lilia Góes

*Texto atualizado segundo o novo
Acordo Ortográfico da Língua Portuguesa.*

Editora Nós
www.editoranos.com.br

The School of Life Brazil
www.theschooloflife.com/saopaulo

Dados Internacionais de Catalogação na Publicação (CIP)
de acordo com ISBD

S372a | The School of life
Autoconhecimento The School of life
São Paulo: Editora Nós, 2021
80 pp.

ISBN: 978-65-86135-36-7

1. Literatura. 2. Ensaio. I. Título.
2021-2624 CDD 808.84 CDU 82-4

Elaborado por Vagner Rodolfo da Silva, CRB-8/9410

Índice para catálogo sistemático:
1. Literatura: Ensaio 808.84
2. Literatura: Ensaio 82-4

FONTE
Silva Text
PAPEL
Pólen soft 80 g/m²
IMPRESSÃO
Margraf